HISTOIRE BUISSONNIÈRE
DE LA PLUIE

ALAIN CORBIN

Histoire buissonnière de la pluie

Champs

Sous la pluie

À la fin du XVIIIe siècle s'est intensifiée la sensibilité de l'individu aux phénomènes météorologiques et s'est construite puis raffinée une rhétorique pour dire l'effet des météores sur l'âme des épistoliers et des diaristes. Commençons l'histoire de la pluie par l'analyse de la façon dont celle-ci a été désirée, perçue, ressentie, voire conspuée par l'individu, en ce temps où s'est exacerbée la météo-sensibilité. Cette époque constitue une césure fondamentale, en fonction de laquelle on peut distinguer un avant et un après.

Écoutons Bernardin de Saint-Pierre parler de la pluie dans ses *Études de la nature*, en 1784. Paradoxalement, ce texte initial souligne les plaisirs de la pluie et du « mauvais temps », que l'auteur associe à ceux que procure le sentiment de la mélancolie. Bernardin de Saint-Pierre assure, tout d'abord, que pour goûter « voluptueusement » la pluie, il ne faut pas avoir des « projets de promenade, de visite, de chasse ou de voyage [1] », car ceux-ci risqueraient de se trouver « contrariés » par la pluie ; ce qui mettrait de mauvaise humeur.

Pour jouir en cette circonstance, il importe en outre, selon l'auteur, de ne pas penser « que cette pluie n'aura pas de fin ». Il faut éviter de rabâcher que toutes les saisons sont dérangées, qu'il n'y a plus d'ordre dans les éléments et de « s'abandonner à tous les mauvais raisonnements où se livre un homme mouillé ». Bref, il faut pour savourer la pluie « que notre âme voyage et que notre corps se repose ».

Quels sont donc ces plaisirs, aux yeux de Bernardin de Saint-Pierre ? « Je goûte, par exemple, écrit-il, du plaisir lorsqu'il pleut à verse, que *je vois* les vieux murs mousseux tout dégouttants d'eau, et que *j'entends* les murmures des vents qui se mêlent aux frémissements de la pluie. Ces bruits mélancoliques me jettent, pendant la nuit, dans un doux et profond sommeil. »

En homme pétri de culture antique, Bernardin de Saint-Pierre rappelle que, selon Pline, un consul romain « faisait dresser, lorsqu'il pleuvait, son lit sous le feuillage épais d'un arbre, afin d'entendre frémir les gouttes de pluie, et de s'endormir à leur murmure ».

L'auteur des *Études de la nature* pousse plus avant l'analyse et décrit trois autres plaisirs. Le premier concerne le corps. « Dans le mauvais temps, le sentiment de ma misère humaine se tranquillise, en ce que je vois qu'il pleut et que je suis à l'abri ; qu'il vente, et que je suis dans mon lit bien chaudement. Je jouis alors d'un bonheur négatif. »

Le deuxième plaisir concerne plus spécifiquement l'âme. La pluie – accompagnée de vent – donne l'impression de « l'infinité en étendue ». Cette pluie – désormais on le sait lorsque l'auteur écrit – vient de loin ; et elle s'en va apporter, peut-être, de la fécondité aux « végétaux de la Tartarie » ; pensée somme toute agréable. Bref, la pluie fait voyager l'âme et « ces voyages de mon intelligence, écrit Bernardin de Saint-Pierre, donnent à mon âme une extension convenable à sa nature », alors même que le corps, qui « de son côté aime le repos, est plus tranquille et plus à l'abri ».

Mais il est, selon l'auteur, une autre sensation de plaisir procurée par le temps pluvieux. « Il me semble alors que la nature se conforme à ma situation comme une tendre amie. » Cette mélancolie conduit Bernardin à énoncer une métaphore déjà ressassée ; celle qui associe la pluie et les larmes. À ses yeux, elle débouche sur l'*éros* : « Quand il pleut il me semble voir une belle femme qui pleure. Elle me paraît d'autant plus belle qu'elle me semble plus affligée. »

Les couleurs
de la pluie

Bernardin de Saint-Pierre n'est pas seul, en ce temps, à détailler les effets agréables de la pluie sur les sens. L'écrivain Joseph Joubert, dans ses *Carnets*, datés de 1779-1783, et le peintre Pierre-Henri de Valenciennes, dans le manuel qu'il destine alors à ses élèves, s'attachent au plaisir du regard. La pluie colore les éléments de la nature. Elle leur confère une beauté inattendue, dont l'individu se délecte.

Nul mieux que Joubert n'a fait ressentir la manière dont la pluie rend le corps plus attentif, plus recueilli, plus sensible aux bruits, aux nuances de couleur, à l'impression que lui font les objets :

> Il y a pendant la pluie une certaine obscurité qui allonge tous les objets. Elle cause d'ailleurs par la disposition où elle oblige notre corps à se mettre un certain recueillement qui rend alors l'âme infiniment plus sensible. Ce bruit même qu'elle cause […], en occupant continuellement l'oreille, éveille l'attention et la tient en haleine. Cette espèce de teinte brune que l'humidité donne aux murailles, aux arbres, aux rochers, ajoute encore à l'impression que font ces

objets. Et la solitude et le silence qu'elle étale autour du voyageur, en obligeant les animaux et les hommes à se taire et à se tenir à l'abri, achèvent de rendre pour lui les impressions plus distinctes. Enveloppé dans son manteau, la tête recouverte, et cheminant dans des sentiers déserts, il est frappé de tout, et tout est agrandi devant son imagination et ses yeux. Les ruisseaux sont enflés, les herbes sont plus épaisses, les minéraux sont plus apparents ; le ciel est plus près de la terre, et tous les objets, refermés dans un horizon plus étroit, ont plus de place et d'importance [1].

La pluie, écrit pour sa part Valenciennes, donne de l'*éclat* aux objets de la nature. Mais cet éclat n'est pas immédiat. Il faut attendre un peu pour le saisir et en jouir, laisser ainsi aux arbres le temps de sécher leurs écorces et leurs branches, de perdre la couleur foncée et noirâtre imposée par l'humidité. Au bout d'une heure, « voilà le moment » – notion essentielle dans le discours de Valenciennes.

Alors, grâce à l'effet retardé de la pluie, « les feuilles, naguère penchées et flétries, se relèvent sur leur tige et se parent d'une verdure fraîche et brillante […], les mousses, les gazons recouvrent leur ton d'émeraude [2] ». Après la pluie – il s'agit d'un plaisir souligné depuis le Moyen Âge –, les oiseaux reprennent leurs chants avec une ardeur renouvelée.

L'analyse des effets positifs de la pluie est, à la même époque, différente sous la plume du pasteur William Gilpin, en lequel on s'accorde à voir l'un de ceux qui ont élaboré le code de la beauté pittoresque. Ainsi, au cours de son excursion sur la rivière Wye, l'une de ses expériences majeures, le « regard pittoresque » du pasteur débusque le rôle, tout à la fois positif et négatif, de la pluie qui tombe. Il écrit :

> La pluie conféra une *noblesse lugubre* à ces paysages ; en jetant un voile d'obscurité sur les berges éloignées de la rivière, elle introduisait de temps à autre quelque chose comme une *plaisante mise à distance*. Cependant, elle cachait les beautés les plus importantes ; et nous ne pouvions que regretter la perte de ces lumières vives et de ces ombres profondes qui auraient conféré tant de brillance à l'ensemble [3].

Le Poème
de la Terre

Il serait trop long d'étudier les effets que produisent sur les sens les pluies équatoriales et tropicales, tels qu'ils sont alors rapportés par les explorateurs et les simples voyageurs, ébahis d'effectuer ce que l'historienne Barbara Stafford a qualifié de véritable « voyage dans la substance [1] ». Là, les pluies revêtent une forme et une intensité jusqu'alors inéprouvées ; ne serait-ce que par leur retentissement sur la végétation. Darwin, témoin d'un orage dans les forêts qui entourent le Corcovado, rapporte l'étonnante qualité du bruit de la pluie en cette circonstance. Les gouttes d'eau sur les feuilles produisaient « un bruit fort singulier ; on pouvait l'entendre à un quart de mille de distance, et il ressemblait au bruit que ferait un torrent impétueux [2] ».

Quelque temps plus tard, Henry David Thoreau magnifie à son tour la pluie. Selon des émotions nouvelles qui s'accordent à celles dites par les adeptes américains du transcendantalisme, il amplifie la portée de ses plaisirs. Thoreau, écrit Pierre

Hadot, perçoit dans les gouttes de pluie « une bien-veillance aussi infinie qu'inconcevable[3] ». « Si elle est bonne pour l'herbe, elle est bonne pour moi », écrit-il dans *Walden*. La pluie lui procure le senti-ment de se plonger dans la totalité du monde, de retrouver la joyeuse acceptation de la nature qui était celle des stoïciens. Lisons ce qu'il écrit dans son journal en mars 1848. Il énonce en cette page l'ana-lyse la plus forte des plaisirs procurés par la pluie et par les nuages qui en sont chargés :

> Quelles choses m'intéressent donc en ce moment ? La *pluie persistante*, *pénétrante*, qui ruisselle le long des chaumes pendant que, auprès d'une colline dénudée, sur un lit d'avoine folle de l'an dernier, je suis étendu et songe. Voilà ce qui m'intéresse. *Contempler* ce globe de cristal descendu du ciel pour se joindre à moi. Tandis que les nuages et ce sombre temps de bruine enferment toutes choses, nous nous rapprochons et faisons connaissance, lui et moi. L'amoncellement des nuages sous le dernier souffle du vent expirant, et puis l'*égouttement monotone* des branches et des feuilles, l'impression de *réconfort* et d'*intimité*, les arbres et les chaumes trempés qui laissent tomber leurs perles quand on passe, leurs *formes confuses* à travers la pluie qui les enveloppe et qui semble se pencher en *témoi-gnage de sympathie* : voilà mon domaine incontesté. Voilà *le confort à l'anglaise de la nature*. Les oiseaux sont plus près, plus familiers sous l'épais feuillage et ils composent, sur leur perchoir, de nouveaux accords pour le retour du soleil[4].

Remarquons qu'en cette page, les sentiments sont suscités par une forme de pluie particulière, celle qui est persistante et pénétrante, celle qui ruisselle, celle qui, mieux que les autres, enferme toutes choses dans sa confusion et confère, de ce fait, un sentiment de confort et d'intimité.

Outre-Atlantique, Henry David Thoreau n'est pas seul à exalter la pluie : Walt Whitman a consacré un poème célèbre à *The Voice of the Rain*.

Qui es-tu ? demandai-je à la douce averse
Laquelle, curieusement, me donna une réponse que je transcris ici :
Je suis le Poème de la Terre, dit la voix de la pluie, [...]
Je descends pour baigner les sécheresses, les atomes et la poussière du globe
Où tout ce qui est, sans moi ne serait que graines, latentes, non nées
Et à jamais, nuit et jour, je redonne vie à ma propre origine
Je la purifie et l'embellis
Car le chant, venu d'où il est né, après s'être accompli, vagabondant,
Qu'il ait été entendu ou non, s'en revient dûment chargé d'amour [5].

Une tristesse
épouvantable

Il va de soi que toutes les formes d'appréciation de la pluie, en ce siècle de construction du moi météorologique, ne sont pas aussi exaltées, que la manière de la ressentir, souvent associée à la notion de « mauvais temps », est bien souvent fondamentalement négative ; sentiment qui prolonge la détestation d'être mouillé et le désir de se sécher qui conduisaient l'hygiène depuis des siècles. On cite souvent, à ce propos, le journal de Maine de Biran. Cet idéologue se sent mal lorsque le temps est à la pluie. Mais, de sa part, la manière de la ressentir n'est pas que simple détestation. Il intègre le désagrément de la pluie dans un réseau de corrélations, suggéré au cours de l'analyse vigilante de son moi météorologique, qui débouche sur le malaise provoqué par l'imprévisibilité et l'instabilité [1]. Les occurrences concernant l'appréciation de la pluie s'entremêlent à la « préoccupation » qui enserre l'âme du diariste, aux sensations de son corps propre, à ses pensées du moment, à ses souvenirs, aux désirs et aux interrogations concernant sa vie mondaine ou professionnelle. Reste que la pluie, dans cet entrelacs, est, répétons-le, le plus souvent analysée négativement.

Ainsi, en septembre 1814, Maine de Biran [2] écrit dans son *Journal* : « Le 20, le temps a changé ; il a plu abondamment le 21 et le 22 ; la constitution d'été cesse et l'automnale commence ; j'éprouve l'influence du changement ; je sens un malaise ; mon estomac est affecté, ma tête pesante, mais il y a plus d'aplomb dans tout mon être et une amélioration sensible dans mon état physique et moral. » On le voit, les effets du retour du temps pluvieux ne sauraient, chez Maine de Biran, se traduire en termes simples.

Plus nette est la corrélation dite dans le *Journal* les 3, 4 et 5 février 1819, trois journées de pluie et de température douce et humide, au cœur de l'hiver : « J'ai été ces jours-là dans un état pénible de tristesse, de découragement, de difficulté et presque d'absence de vie. Grande concentration. L'estomac est comme affaissé sur lui-même ; les digestions sont laborieuses, les idées lentes et obscures ; le monde disparaît à mes yeux. »

Tout cela constitue un bel exemple de ce qui lie la météorologie à la cénesthésie de l'individu, notion alors toute récente [3], qui retient l'attention de Maine de Biran. Quoi qu'il en soit, répétons-le, globalement, la pluie, l'humidité – disons le mauvais temps –, quelle que soit la complexité de l'analyse du corps et de l'âme, sont, le plus souvent, connotés négativement dans le *Journal*.

Stendhal détestait la pluie. Dans ses écrits intimes, il s'en prend avec véhémence aux « pluies continuelles, éternelles, vilaines, infâmes, abominables [4] ».

Nous n'en finirions pas de citer et d'analyser des textes significatifs de l'appréciation de la pluie, écrits en ce grand siècle de l'analyse de ses effets sensibles et psychologiques. Dès lors, une question se pose : qu'en était-il auparavant ? À ce propos, il nous faut distinguer ce qui relève de l'appréciation collective, sur laquelle nous reviendrons, et de l'appréciation individuelle. Les témoignages concernant cette dernière sont rares avant le XVIIIe siècle, sans que l'on sache trop si cela résulte de la négligence de l'attention ou de la pauvreté de la rhétorique permettant de dire ces types de sensations et d'émotions.

La pluie dépeinte avec force dans les écrits des artistes de la Renaissance et des Temps modernes est avant tout celle du Déluge, c'est-à-dire la précipitation d'une eau violente, surgie sous forme de trombe, travaillée par les vents, qui submerge, qui épouvante, qui hante les cauchemars nocturnes. La force de cette image biblique est telle qu'elle laisse, alors, peu de place, dans la rhétorique, à la douceur de la pluie ou à ses effets dans la quotidienneté.

Léonard de Vinci, dans une page de ses *Carnets*, imagine les précipitations du Déluge : « L'air est obscurci à cause de la pluie épaisse qui, tombant obliquement, rabattue par l'assaut transversal des vents, forme des ondes comme en fait la poussière, à la différence que cette inondation-ci est striée par les lignes des gouttes d'eau qui ruissellent[5]. »

Les spécialistes s'accordent toutefois à souligner l'intérêt du cas présenté, à ce sujet, par la correspondance de la marquise de Sévigné, au cœur du XVIIᵉ siècle ; bien avant, par conséquent, la période que nous avons évoquée pour introduire notre propos. Cette attention aux effets de la pluie, à l'évidence prémonitoire, se définit chez cette épistolière par des traits qui ne relèvent pas totalement de la notation. Ses textes reflètent ainsi l'emprise de convictions dérivées de la médecine humorale, notamment de celle qui conduit à penser que, comme les autres météores, la pluie exerce un effet sur les humeurs du corps.

Quoi qu'il en soit, il apparaît avec évidence que la correspondance de la marquise est rythmée par le météorologique ; et que c'est par centaines que se comptent, en ces lettres, les allusions au temps qu'il fait. Les connotations négatives de la pluie – car ce sont celles-ci qui l'emportent – concernent tout autant les inconvénients matériels que les effets sur l'humeur ; ce qui, nous l'avons vu, ne sera plus le cas chez les diaristes de l'aube du XIXᵉ siècle.

Dans la correspondance de Mᵐᵉ de Sévigné, la pluie s'impose d'abord par ses effets gênants[6]. Elle fait obstacle à la bonne marche du carrosse. Elle provoque des bourbiers et des « abîmes d'eau » le long des chemins. Elle mouille. Surtout, elle dérange les « jolies promenades » de la marquise. C'est ainsi que celle-ci écrit : « Il fait un temps affreux, une pluie, un vent, un froid », associant les composantes du mauvais temps.

Apparaissent déjà dans ses lettres des notations qui traitent des effets de la pluie sur l'âme. En général, elle est associée à une humeur sombre, à une « tristesse épouvantable ». Dans les lettres de la marquise se lit déjà ce qui, répétons-le, deviendra un *topos* : la liaison établie entre la pluie et les larmes.

Dans les mêmes textes, une forme d'appréciation de la pluie se tisse, parfois, aux rituels sociaux. Paradoxalement, par les désagréments qu'elle suscite et, surtout, par l'excitation qu'elle provoque, la pluie peut déboucher sur des plaisirs mondains. À sa façon, quand elle se fait extraordinaire, elle perturbe les codes, autorise des transgressions dans les comportements féminins ; et cela se révèle excitant ; au point que la pluie se termine en fête sensuelle ; ce qui, à l'évidence, avive chez la marquise le plaisir d'écrire cette folie.

Elle rapporte ainsi, le 23 août 1671 : la pluie « se met d'abord à nous noyer, mais noyer à faire couler l'eau de par tous nos habits. Les feuilles furent percées dans un moment, et nos habits percés dans un autre moment. Nous voilà toutes à courir. On crie, on tombe, on glisse, enfin on arrive. On fait un grand feu. On change de chemise, de jupe ; je fournis à tout. On se fait essuyer ses souliers. On pâme de rire [7] ».

Un petit coin
de parapluie

Après le grand siècle d'analyse des effets de la pluie sur le moi, dont nous sommes partis, et avant la période toute contemporaine durant laquelle se dessinent des changements profonds, encore peu étudiés, les modes d'appréciation paraissent stables ; à cela près que les épistoliers et les diaristes s'efforcent de préciser plus minutieusement que naguère les types de pluie dans leur description. Dans la grande majorité des cas, la pluie est dès lors désignée comme détestable. Baudelaire fait du paysage urbain pluvieux une composante du *spleen*. Dans l'œuvre de Verlaine, la pluie s'accorde au « mélancolisme ». Elle s'intègre à la « grisaille », « ce mélange de brumes froides, de nuages sombres et de pluies argentées [1] ». Chacun se souvient d'avoir appris à l'école l'une ou l'autre des *Romances sans paroles*, datées de 1874, qui évoquent le « bruit doux de la pluie » :

Il pleure dans mon cœur
Comme il pleut sur la ville ;

Quelle est cette langueur
Qui pénètre mon cœur ?

Notons que ce texte réactualise le lieu commun qui entretient la confusion entre les pleurs et la pluie. Jules Laforgue écrit, pour sa part :

Tout m'ennuie aujourd'hui. J'écarte mon rideau
En haut ciel gris rayé d'une éternelle pluie [2].

Mélancolie, spleen, ennui, il est vrai, possèdent leur histoire mais il est difficile de repérer, alors, une évolution dans les modes d'appréciation de la pluie. En tous ces textes, celle-ci favorise une tristesse sans aucune raison qu'elle-même.

Notons, à ce propos, que les artistes occidentaux, friands de la peinture des orages et des tempêtes, se sont rarement, en ce XIXᵉ siècle, adonnés à la représentation de la pluie qui strie l'espace. *Rue de Paris, temps de pluie* (1877) dû à Gustave Caillebotte ne fait que suggérer, par le port des parapluies et par l'humidité des pavés, l'averse censée définir la situation atmosphérique. En bref, rien, semble-t-il, qui évoque la saisissante présence de la pluie, telle qu'elle s'impose dans ces estampes d'Hiroshige, qui ont inspiré le *Pont sous la pluie* de Van Gogh (1887).

Pour que l'appréciation soit positive, il faut, désormais, que coïncident l'averse et l'événement heureux, le plus souvent de nature érotique. Victor Hugo n'a jamais oublié le premier abandon de Juliette Drouet sous l'arbre où les amants s'étaient réfugiés pour s'abriter de l'orage. Plus tard, à lire la *Bonne chanson* de Verlaine, une pluie heureuse accompagne la marche du poète, à travers Paris, à la rencontre de sa fiancée, Mathilde Mauté.

> *Toits qui dégouttent, murs suintants, pavé qui glisse,*
> *Bitume défoncé, ruisseaux comblant l'égout,*
> *Voilà ma route – avec le Paradis au bout* [3].

Ce thème d'une pluie en quelque sorte amoureuse fera retour au XXe siècle, dans l'ordre de l'imaginaire ; qu'il s'agisse du poème immensément populaire de Jacques Prévert :

> *Il pleuvait sans cesse sur Brest ce jour-là*
> *Et tu marchais souriante*
> *Épanouie ravie ruisselante*
> *Sous la pluie [...]*
> *Tu souriais*

Ou du « petit coin de parapluie » mué en « petit coin de paradis » dans la chanson de Georges Brassens.

N'oublions pas, en outre, l'évocation heureuse de la pluie, au tournant des deux siècles, dans la musique française. L'ondée selon Debussy, écrit Michel Onfray, raconte « la mélancolie et la délicatesse, la douceur et la quiétude [4] ».

Reste qu'au XXe siècle, la pluie continue d'être majoritairement ressentie comme négative par l'individu. André Gide ne cesse, dans son *Journal*, de dire sa détestation. Ainsi, le 15 juin 1906, il écrit : « De nouveau trois jours de pluie. J'ai la tête fatiguée, la volonté inquiète et la personnalité indécise » ; et le 12 février 1912 : « Le temps est à la pluie de nouveau ; mon mal de tête, ce matin, n'a sans doute pas d'autre cause [5]. » Autant de notations – et il en est bien d'autres – qui renouent avec celles de Maine de Biran, un siècle plus tôt. Ainsi se trouve bouclée l'histoire de l'appréciation de la pluie par l'individu.

Politique
du mauvais temps

Or, il est une autre histoire : celle des réactions collectives. Pour bien le faire comprendre, avant même d'évoquer la teneur religieuse de celles-ci, considérons l'histoire de la valeur politique de la pluie, dans la mesure où son émergence est contemporaine de la genèse de ce moi météorologique que j'ai évoqué. Plusieurs épisodes majeurs ont dessiné la figure politique de la pluie.

La fête de la Fédération, qui s'est déroulée, à Paris, le 14 juillet 1790, en vue de célébrer l'anniversaire de la prise de la Bastille, constitue un événement majeur de la Révolution. Cette manifestation, pèlerinage de toutes les régions françaises vers le centre de la nation, devait montrer l'unité de celle-ci d'une manière éclatante. Or, tout ce jour d'été mémorable, dont la seule évocation faisait venir des larmes aux yeux de Michelet, il n'arrêta pas de pleuvoir. Le soleil ne réapparut à l'horizon que vers les six heures du soir. Olivier Ritz a minutieusement analysé les réactions à cette météorologie, à première vue défavorable. Bien entendu, elles diffèrent radicalement selon qu'il s'agit de partisans ou d'adversaires de la Révolution [1].

D'un bout à l'autre de cette journée, les aristocrates contre-révolutionnaires se réjouissent de la pluie. Celle-ci, qualifiée de « déluge », de « tourmente », menace le bonheur. Que le soleil, symbole de vérité, de fécondité, et surtout de gloire ait disparu est, à leurs yeux, signifiant. Le mauvais temps manifeste l'opposition divine à la Fédération. En bref, Dieu est du côté des adversaires de la Révolution.

Rivarol raille « le piteux état des députés mouillés ». La presse contre-révolutionnaire se plaît à décrire le désordre, la confusion, la bousculade, la fuite des spectateurs vers les galeries, le spectacle plaisant de la robe des femmes adhérant au corps et révélant à l'œil « leurs contours ».

Les soldats-citoyens, les députés, le peuple, abattus dans un premier temps, ont été, au dire de la presse patriote, atterrés par le ciel pluvieux. Autant qu'il était possible, ils se sont toutefois efforcés de faire silence sur cette atmosphère, à première vue défavorable. Mais, bien vite, un geste collectif inverse l'interprétation ; moment décisif dans la future histoire politique de la pluie au XIXe siècle. Voilà que sous l'averse soldats et citoyens se mettent à danser. Cette attitude adoptée par cinquante ou soixante mille individus, la plupart armés, prouve que la pluie est incapable de nuire, que les intempéries ne sauraient refréner l'enthousiasme révolutionnaire. La danse manifeste l'endurance du peuple, alors que le roi a refusé, dit-on, de se déplacer sous la pluie pour accéder à l'autel. De la danse naît une donnée essentielle de l'histoire politique des intempéries au XIXe siècle : celle que constitue *l'expérience partagée*. Le fait d'être mouillés ensemble scelle l'union. Dignitaires, soldats et peuple spectateur, tous mouillés, rient de l'averse. La pluie fonde une communauté de sentiments. Telle est la teneur des commentaires de la presse patriote, au lendemain de l'événement. Le retour du soleil à la fin de la journée manifeste, par ailleurs, la réussite de la fête.

Une quarantaine d'années plus tard se situe une série d'épisodes décisifs dans l'histoire politique de la pluie[2]. Louis-Philippe Ier, qui entendait être perçu comme « roi-citoyen », s'intitulait « roi des Français » et non roi de France. Très attentif, comme l'a montré l'historien Michael Marrinan, au renouvellement de la mise en scène royale, accordée à une intense politique mémorielle, à dire vrai, il a peu voyagé dans les départements. Il craignait – à juste titre – les attentats. Au cours des deux premières années de son règne, il n'a pas, toutefois, fait preuve de cette prudence. Louis-Philippe, désirant exhiber sa simplicité, recherche systématiquement la symbolique de l'égalité. Il aime reproduire la scène du balcon de l'Hôtel de Ville de Paris, liée à son avènement. De ce fait, il abandonne, au cours de ses voyages, l'usage du dais. Après s'être présenté au balcon de la mairie des villes qu'il visite, il rejoint sa voiture en toute simplicité.

Le 12 juin 1831, alors que le roi quitte la cour de la préfecture, à Metz, la pluie commence de tomber. Il demande son manteau. On ne le trouve pas immédiatement. Voyant la garde nationale alignée, Louis-Philippe décide de la passer en revue. Un peu plus tard, la pluie redouble. Alors, écrit le roi à la reine Marie-Amélie, demeurée à Paris,

> le piqueur me rejoignit avec mon manteau sur la place où, malgré cela, il y avait un monde énorme, je lui dis de le remporter.
>
> Je lui fis un geste qui marquait de l'emporter ; parce que les soldats n'ayant pas de manteau, je n'en voulais pas non plus ; l'intelligence française saisit ma pensée comme l'éclair et alors les cris de « Bravo le Roi ! », « Vive le Roi ! » retentirent. Cela se propagea tout au long du trajet[3].

Le geste du roi symbolise l'égalité de tous les Français sous la pluie, c'est-à-dire devant les lois de la Nature. Il symbolise, mieux que tout, la fin des privilèges. « Je sais, déclare Louis-Philippe un peu plus tard à Besançon, que lorsque les Français s'exposent à la pluie pour leur roi, leur roi doit jeter là manteau et venir se mouiller avec eux[4]. »

À partir du 12 juin 1831, la pluie devient moyen de ralliement des esprits. Lorsque le temps le permet, Louis-Philippe jette son manteau et vient se mouiller avec la foule. Cette scène se reproduit à Bayeux, Besançon, Caen, Mulhouse, Nancy, Pont-Audemer, Pont-à-Mousson, Strasbourg ainsi que, plus tard, en 1837, à Rouen. *Le Moniteur* rapporte qu'à Bayeux, en 1833, la décision du roi se montre avec une particulière fermeté. Une femme lui a proposé son parapluie et un homme lui a conseillé de rester en voiture. À tous, le monarque a répondu : « Comme vous mes amis. » « Les acclamations et les vivats, assure le journaliste, se sont intensifiés [5]. » Sans peut-être le savoir, Louis-Philippe renouait avec le thème de l'expérience partagée du 14 juillet 1790.

Nous pouvons lire, dans la série AP des Archives nationales, les lettres que le roi a envoyées à Marie-Amélie au cours de ces voyages. On constate qu'il se félicite régulièrement de la pluie, qui lui permet de rééditer son geste et de partager avec le peuple. Il est malheureux lorsque le beau temps l'empêche de se mouiller avec ses hôtes.

On a souvent souligné que ce roi-citoyen aimait se présenter comme un roi-bourgeois, arpentant les rues de la capitale armé d'un parapluie. C'est ainsi qu'il fut souvent caricaturé. À vrai dire, les épisodes que je viens d'évoquer me semblent plus importants. Ils revêtent une autre signification. À Metz et, par la suite, dans nombre de villes, il ne s'agissait pas, pour le roi, de se donner à voir comme bourgeois mais de mettre en scène un partage avec le peuple. Les classes laborieuses étaient alors perçues par les élites comme des classes soumises aux intempéries, donc endurcies et devenues moins sensibles. Le geste du roi se révélait d'autant plus fort. On peut aussi l'interpréter comme celui de l'officier qu'il avait été sous la Révolution, désireux de parta-

ger la pluie avec ses soldats. Quoi qu'il en soit, il
s'agissait bien d'un geste en rupture avec les cérémonies royales de l'Ancien Régime et de la Restaura-
tion.

Plusieurs spécialistes de sciences politiques, dont
Nicolas Mariot, ont étudié les voyages des présidents de la République et les cérémonies officielles
organisées à cette occasion [6]. Ils ont analysé l'attitude des chefs de l'État sous la pluie. Les présidents
ont généralement adopté, certes avec moins d'osten-
tation, l'attitude de Louis-Philippe. Bien des télé-
spectateurs ont gardé en mémoire le comportement
stoïque des présidents ces jours-là ; notamment
celui du général de Gaulle – il est vrai quelque peu
protégé par son képi.

Ces dernières années, on a pu constater que les
cérémonies du 11 novembre permettaient le renouvellement de cette mise en scène ; bien que, timide-
ment, semble s'installer l'habitude du parapluie,
quand la santé du président est jugée mise en danger
par de trop fortes précipitations.

Récemment, la presse a souligné que toutes les
premières sorties du président François Hollande
s'étaient déroulées sous la pluie. Certains s'en sont
amusés. Lui-même, dit-on, a pris cette hostilité du
ciel avec humour. Peut-être aurait-il pu, comme
jadis Louis-Philippe, se prévaloir d'un partage de
l'intempérie avec le peuple.

En temps
de guerre

Depuis l'Antiquité, les souffrances causées par la pluie en temps de guerre ont retenu l'attention des historiens des conflits armés. Durant le Moyen Âge, la pluie, à lire les auteurs de romans, notamment Chrétien de Troyes, rend les chemins impraticables pour le chevalier errant et, de ce fait, conditionne son existence, décide de ses combats, retarde parfois ses amours. Nous nous arrêterons seulement sur un moment de l'histoire où les souffrances causées par la pluie se révélèrent particulièrement terribles ; c'est-à-dire celles que subirent les combattants des tranchées, durant la Première Guerre mondiale. Stéphane Audoin-Rouzeau et ceux qui ont travaillé sous sa direction ont analysé avec précision la situation des hommes enfouis dans la terre, le long des divers théâtres d'opérations. Nous connaissons ces souffrances par les lettres envoyées du front et par les journaux de tranchées [1].

Elles montrent que la présence de la pluie s'impose avec une force qui dépasse de beaucoup tout ce que nous avons évoqué précédemment. Le

jour, lit-on dans *La Bourguignotte* en 1916, la pluie
« sautille de sac en sac et ruisselle le long des parapets pour aller dormir au fond du boyau. Parfois
même elle réussit à franchir l'entrée de la cagna et
à se glisser, sournoise, sous les planches et les cou-
vertures, dernier refuge des habitants [2] ».

« Nous voici repris par la pluie, lit-on dans l'*Horizon* de juillet 1918. Ce simple mot, la pluie, qui ne
veut presque rien dire pour le citadin, pour le civi-
lisé, [...] ce mot contient toute l'horreur du soldat
en campagne. À la guerre, en somme, déclare
l'auteur de l'article, je n'ai jamais été vraiment malheureux qu'à cause de la pluie [3]. » Par comparaison,
la neige, qui ouate le paysage, apparaît plus douce.
Sur le front, la pluie se montre particulièrement
redoutable dans l'ombre des nuits d'hiver, dont elle
rend l'obscurité plus profonde.

Or, la pluie n'est pas seule. Dans l'esprit et le
corps du combattant, elle est inséparable de la boue
qu'elle produit ; boue tantôt liquide et gluante,
tantôt épaisse et traîtresse. La boue a fait souffrir dès
le premier hiver du conflit, en particulier dans les
chemins défoncés de l'Argonne où la fange dépassait
le genou. « La mare huileuse d'une profondeur
inquiétante, vous attend, vous attire... », lit-on
encore dans le *Bulletin désarmé*, daté du 1er mars
1918 [4]. « L'eau pénètre dans vos souliers avec le
glouglouttement des bouteilles vides. » « La boue
camoufle l'homme de la tête aux pieds, éteignant
sous sa cendre la diversité des âges et des physiono-

mies. » Elle recouvre les galons. La boue obsède. Elle est partout, « sous les pieds, sous les mains, sous les corps qui s'allongent, elle s'attache aux vêtements, elle pénètre tout ce qui stagne comme [...] tout ce qui meurt [5]. » Les jours de grande offensive, lorsque les combattants se jettent sur le parapet, ils risquent « le bain immonde ».

Chez ces soldats mouillés par en haut, mouillés par en bas, parfois blottis dans un trou d'obus gluant, la boue redouble le supplice de la pluie. On n'en finirait pas de citer les témoignages. « Depuis le matin il pleut, lit-on encore dans l'*Argonaute* du 1er juin 1916, une de ces pluies d'hiver, froide, fine, éternelle, dont rien ne protège. La tranchée de première ligne est un ruisseau couleur de terre [...]. De l'eau, de la boue. On y enfonce, on glisse doucement, attiré par on ne sait quelle irrésistible force [...]. Les parapets s'écroulent par blocs. [...] La terre descend vers l'eau et s'y mêle. [...] Tout disparaît dans ce liquide pesant [6]. » La boue se mêle au sang des blessés qui la rougissent. Elle engloutit les cadavres qui surnagent à peine.

Lors du conflit de 1939-1940, sur le front français – et ce n'est qu'un exemple –, pluie et boue reproduisent le supplice. Claude Simon, dans plusieurs de ses romans, a détaillé avec force les affres endurées par les cavaliers lors de la drôle de guerre et de la défaite.

« Saints pleurards » et « bonnes fontaines »

Nous terminerons par, certes, le plus banal, mais par ce qui a, sans doute, plus que tout, obsédé les populations rurales durant des siècles ; c'est-à-dire le désir de pluie en temps de sécheresse et l'horreur inspirée par les précipitations excessives, par les pluies interminables et, plus que tout, par la grêle. Ces hantises collectives sont présentes en bien des endroits de la planète. Elles ont suscité un nombre infini de rituels que les anthropologues se sont plu à détailler [1].

Avant tout se sont imposées les pratiques destinées à faire venir la pluie en période de sécheresse. Depuis l'Antiquité, cette histoire se réfère aux croyances religieuses. Dès ce temps, la certitude est ancrée selon laquelle les événements célestes et marins, c'est-à-dire ceux susceptibles de déterminer les précipitations, sont entre les mains de la divinité qui suscite les pluies, crée les nuages sombres, provoque les orages. Il serait trop long de revenir ici sur les croyances concernant l'origine de ces phénomènes. Jupiter, Neptune ne sont pas seuls. Le Dieu de la Bible décide des précipitations. Il récompense ainsi le Juste ou châtie le méchant. Il envoie la manne aux juifs égarés dans le désert [2]…

Les chrétiens – et cela, pour certains, jusqu'au cœur du XXe siècle – ont considéré que les pluies, la grêle, les orages étaient entre les mains de Dieu, lequel, par leur intermédiaire, récompensait ou châtiait ses fidèles. Les hommes du passé, avant que la science n'effectue, au cours du XIXe siècle, une sécularisation du ciel, scrutaient celui-ci afin de discerner les signes indiquant une colère de Dieu ou une intervention du diable. Nombre de dictons témoignent de ces croyances, dont certains sont demeurés dans le langage courant. C'est ainsi que dans le bocage normand, au milieu du XXe siècle, il était courant de dire, quand tombait une pluie fine sous la lumière du soleil : « C'est le diable qui bat sa femme et qui marie sa fille. »

De telles croyances ont suscité, au cours des siècles, une série de rituels destinés à faire venir la pluie ou à se protéger des orages. Il en était de solennels, nécessitant la participation de la hiérarchie religieuse et des autorités civiles, qu'il s'agisse de prières ou de processions. D'autres, plus discrets, concernaient les paroisses rurales et s'ancraient profondément sur l'ensemble du territoire, selon des modalités diverses.

L'une des plus célèbres processions destinées à faire venir la pluie en période de sécheresse était, au XVIIe siècle notamment, celle de sainte Geneviève, qui se déroulait à Paris. La manifestation résultait d'une initiative laïque. Elle était commandée à l'Église catholique, qui l'organisait. Le trajet variait selon la durée de la sécheresse. La plus solennelle de ces processions se déroula en 1694, en présence du roi. Un grand tableau, peint par Nicolas de Largillière en souvenir de l'événement, est conservé dans l'église Saint-Étienne-du-Mont[3]. À Toulouse, la procession propluviale de la Daurade était, elle aussi, une véritable institution. À Argentan, quand le temps était désastreux, trop sec ou trop pluvieux, on promenait dans la ville la châsse contenant les reliques de saint Mansuet, conservées dans l'église Saint-Germain.

Sur le territoire des paroisses rurales, tout comme il était de « bons saints » guérisseurs, existaient des saints faiseurs de pluie et de beau temps, de ces saints « pleurards », associés à de « bonnes fontaines », auxquels on attribuait le pouvoir de faire venir la pluie. Le plus célèbre d'entre eux était saint Médard. La légende voulait voir en lui un marchand de parapluies[4]. En cas de sécheresse, il était parfois invoqué par les paysans sous le vocable de « saint Pissard ».

Le clergé et les fidèles se rendaient en procession, voire en pèlerinage, honorer ces saints. Ici, une messe était dite près de la fontaine ; ailleurs, on plongeait le crucifix ou la statue du saint dans son eau. Par endroits, on allait jusqu'à la noyer ; ou bien l'on arrosait le prêtre. Pour faire pleuvoir, en certaines paroisses, on flagellait les fontaines. Partout, la croyance était forte en l'efficacité du rituel, en l'intercession bénéfique du saint.

Citons quelques exemples précis de ces rituels. L'ethnologue Paul Sébillot constate qu'au cœur du XIXᵉ siècle, les paysans de la région se rendaient au bord de la fontaine de Brocéliande, située au cœur de la forêt de Paimpont. À cette époque, des processions étaient, dans ce but, organisées, avec croix et bannière. La première était, parfois, immergée dans l'eau de la fontaine. On se plaisait à rapporter l'efficacité du rituel. Ainsi, en 1835, lors d'une grande sécheresse, la procession avait été suivie d'une pluie immédiate et torrentielle. À Illiers – la future Illiers-Combray, rebaptisée en l'honneur de Marcel Proust – les fidèles se rendaient, en procession, prier à la source de Saint-Éman. Les fontaines « donatrices de pluie » étaient très nombreuses dans les deux Charentes. À Saint-Thomas-de-Conac, on portait le Saint Sacrement à la « bonne fontaine ». En Limousin, ce type de procession était fréquent [5]. Les fidèles disaient qu'ils « allaient chercher l'eau ».

Pour bien comprendre l'ampleur du recours aux « bons saints », il faut mesurer l'intensité de la détresse alors suscitée par une longue sécheresse, cause de disette, voire de famine, sur un territoire non encore unifié en un marché national ; c'est-à-dire avant l'aube des années 1860. Durant les deux premiers tiers du XIXᵉ siècle, préfets et sous-préfets rédigeaient chaque trimestre un « état des récoltes ». Ces documents sont aujourd'hui conservés dans les dépôts d'archives départementaux. Ils sont, pour l'essentiel, constitués de renseignements sur les précipitations. Les auteurs indiquaient leurs conséquences sur l'état prévisible des récoltes. Ces documents témoignent de la grande attention des autorités à l'égard de la pluie.

Des invocations
aux prévisions

Selon le même système de croyances, les paysans se méfiaient de l'intervention maléfique du diable. Ils s'en prenaient, parfois, à des individus – notamment à des prêtres – que l'on accusait de « faire grêler ». Ainsi, en 1850, l'abbé de Meschivet, photographe, fut poursuivi par des paysans armés de bâtons et de fourches, car il prenait des clichés d'un orage. En Limousin, il était alors fréquent que les paroissiens maltraitent des « prêtres grêleux ». D'une manière plus générale, la croyance des fidèles était à ce point forte que tout ce qui contribuait à contredire les rituels évoqués pouvait conduire à la violence.

En 1874, à Burgnac, petite commune du Limousin [1], le nouveau prêtre, comme certains autres membres du jeune clergé, considérait que tous les rituels météorologiques relevaient de la superstition. Il décida donc d'interdire une procession paroissiale destinée à obtenir un beau temps et l'abondance des récoltes. Devant l'opposition des fidèles, il se contenta de ne pas participer à celle-ci. Les paroissiens du nouveau curé étaient persuadés que son absence allait faire venir l'orage et la grêle. Ce qui arriva. Furieux, les paysans de la région s'en prirent au prêtre. Une vingtaine d'entre eux envahirent son presbytère. La gendarmerie dut intervenir pour délivrer le malheureux. Le meneur fut condamné à dix jours de prison ; ce qui souleva, écrit le procureur, une énorme émotion dans toute la contrée.

Pour se garder d'une forte pluie, d'un orage et surtout de la grêle, il était un autre préservatif : les cloches de la paroisse. Beaucoup d'entre elles portaient une inscription indiquant qu'elles protégeaient de la pluie et des tempêtes. Quand la catastrophe menaçait, on sonnait afin de faire fuir la nuée et de la diriger vers les paroisses voisines ; d'où un nombre de troubles et de guerres villageoises dont je me suis efforcé de dresser le répertoire [2].

Que la pluie ait été un enjeu majeur pour tant de paysans se comprend. À titre d'exemple, Émile Zola, dans son roman intitulé *La Terre*, a dépeint avec précision les conséquences du mauvais temps sur l'existence des paysans [3]. La littérature agrarienne de la fin du siècle a ressassé, à son tour, ce thème. Zola, dans son roman, représente cinq types de précipitations distinctes : l'ondée, la pluie « fine », la pluie « droite », la pluie « tiède » et la « grêle dévastatrice ». Les activités s'ordonnaient selon ces types. « Père, v'là la pluie, je sors mes oies », s'écrie l'une des héroïnes du roman. Zola décrit l'irruption de la grêle, saluée par les cris de femmes, comme une réitération du déluge et des grands moments de châtiment divin ; référence implicite au texte de l'Exode (9, 22) : « L'Éternel dit à Moïse : "Étends ta main vers le ciel ; et qu'il tombe de la grêle dans tout le pays d'Égypte sur les hommes, sur les animaux, et sur toutes les herbes des champs dans le pays d'Égypte". »

Les croyances en l'existence de précipitations maléfiques ne concernaient pas que l'eau du ciel. Au cœur du XIXᵉ siècle, les paysans du Perche demeuraient ainsi persuadés, nous disent les observateurs, que la « mère Harpine, traversant les airs à la tête d'une troupe d'esprits infernaux, laissait parfois tomber des débris de cadavres [4] » ; ce qui semble une vague réminiscence du verset 87 de l'Apocalypse dans lequel il est écrit que lorsque le premier ange sonna la trompette, « il y eut de la grêle et du feu mêlés de sang ».

Compte tenu de l'inertie des croyances, il est difficile de dater, dans les campagnes, la disparition de la phénoménologie de la pluie décrite ci-dessus. Incontestablement, la science météorologique a lentement discrédité, au cours du XIXᵉ siècle, tout ce qui relevait de l'intervention divine ou diabolique et imposé, répétons-le, une sécularisation du ciel. Cela dit, je me souviens d'avoir, dans une petite paroisse du bocage bas-normand, entendu, au cours des années 1940, le curé menacer en chaire les paysans qui travaillaient le dimanche, leur prédisant des orages qui gâteraient leurs récoltes et témoigneraient de la colère divine.

*

Qu'en est-il aujourd'hui des croyances et des comportements concernant la pluie ? Cela relève de la compétence des anthropologues. Dans une perspective historique, je soulignerai seulement quelques données majeures, outre l'expulsion des croyances en l'intervention divine, plusieurs fois soulignée.

L'exactitude de la prévision du temps qu'il va faire, de l'irruption comme de la cessation de la pluie a profondément modifié les modalités de l'attente. Ces données nouvelles ont aboli l'effet de surprise et, surtout, disqualifié des savoirs qui étaient ceux des hommes d'autrefois qui, par le regard, par le contact de l'humidité ou du vent sur la peau, et par bien d'autres sensations, prévoyaient l'irruption – ou non – de la pluie.

L'histoire de l'étanchéité s'est trouvée profondément modifiée par l'invention de nouvelles matières artificielles qui ont refoulé dans un lointain passé les protections, notamment végétales, par lesquelles les hommes de toutes les cultures se préservaient de la pluie.

À l'évidence, une véritable obsession de la prévision et une hypersensibilité aux phénomènes se sont développées, qui relèvent de la pathologie et du domaine de la psychiatrie. En un mot, les affres et les souffrances nées de la pluie ou de son absence se sont profondément modifiées.

L'anthropologie a montré combien la pluie et ses excès faisaient événement, en notre monde subrepticement taraudé par le désir de catastrophe. Les « fêlés de la météo », qui se multiplient aujourd'hui, témoignent du bouleversement psychologique des effets de la pluie. Ainsi, l'observation conduit à une survalorisation du moi de celui qui est témoin de précipitations extraordinaires.

Quant à l'existence des pluies acides et de leur emprise sur l'imaginaire, il est, sans doute, trop tôt pour en mesurer les effets.

CARNET DE LECTURES

Les quelques textes qui vous sont présentés dans les pages suivantes sont destinés à accompagner la lecture de l'ouvrage d'Alain Corbin, proposant une promenade à travers des textes littéraires de toutes les époques.

Le Roi Lear

William Shakespeare, 1606

Trahi par les deux filles auxquelles il a transmis son royaume, le roi Lear est réduit à la misère et à l'errance. Dans la lande dévastée par la tempête et l'orage, il sombre dans la folie.

Acte III, scène II

Une autre partie de la lande.
Toujours l'orage. Entrent LEAR, tête nue, et LE FOU.

LEAR

Soufflez, vents, et crevez vos joues ! faites rage ! soufflez !
Vous, cataractes et cyclones, jaillissez
Jusqu'à tremper nos clochers, y noyer les coqs !
Vous, feux sulfureux, aux traits vifs comme la pensée,
Avant-courriers des foudres fendeuses de chênes,
Venez roussir ma blanche tête ! Et toi, tonnerre omni-
    secoueur,

Frappe et rends plate l'épaisse rotondité de l'univers !
Craque les moules de la nature, détruis d'un coup tous
   les germes
Qui produisent l'homme ingrat.

LE FOU

Ô m'n'oncle ! de l'eau bénite de cour dans un logis sec
vaut mieux que cette eau de pluie à ciel ouvert. Mon oncle,
rentre et demande la bénédiction de tes filles ; voici une nuit
qui n'a pitié ni de l'homme sage ni du fou.

LEAR

Gargouille à pleine panse ! Crache, feu ! vomis, pluie !
Ni la pluie, ni le vent, ni le tonnerre, ni le feu ne sont mes
   filles :
Vous, les éléments, je ne vous taxe pas d'ingratitude ;
Je ne vous ai jamais donné de royaume, ni ne vous ai
   nommés mes enfants ;
Vous ne me devez aucune soumission ; que donc se
   déverse
Votre affreux plaisir ! me voici face à vous, votre esclave,
Pauvre, perclus, débile, méprisé vieil homme ;
Et pourtant je vous déclare serviteurs serviles
Pour avoir avec deux filles pernicieuses ligué
Vos bataillons fils des nuées contre une tête
Aussi vieille et blanche que celle-ci. Oh ! Oh ! c'est vil !

Shakespeare, *Le Roi Lear*, traduction par Armand Robin,
Paris, Flammarion, « GF », 1995, p. 215-221.

Réflexions et conseils à un élève
sur la peinture et particulièrement
sur le genre du paysage

Pierre-Henri de Valenciennes, 1799

Nous venons de dire que, lorsque le brouillard était attiré dans l'atmosphère, il formait des nuages qui voguaient au gré des vents. Cependant, lorsque l'eau dont ils sont formés acquiert une pesanteur supérieure à la densité de l'air qui la soutient, elle tombe en gouttes plus ou moins larges, et avec plus ou moins de fréquence, et c'est ce qui forme la pluie. Ainsi, la pluie est une eau fluide, distillée par la nature : lorsqu'elle est fine, elle ne tombe pas de fort haut ; mais dans un orage, ses gouttes sont grosses, lourdes, et se précipitent avec impétuosité. La pluie purge l'air des vapeurs atmosphériques, et le rend infiniment plus clair et plus pur qu'il ne l'était auparavant.

Comme l'eau qui tombe en pluie est beaucoup plus divisée que lorsqu'elle est en brouillard, on a plus de facilité à distinguer au travers les objets que lorsqu'ils se trouvent dans la vapeur brumeuse. Cependant, quand elle est considérable, ses effets ressemblent à ceux produits par le brouillard, soit par l'altération des couleurs, soit pour celle des lignes et des détails.

Quand la pluie tombe, et que les nuages s'entrouvrent dans la partie du ciel qui correspond à la hauteur du soleil, alors les rayons lumineux viennent éclairer les gouttes d'eau tombantes et produisent des effets admirables, soit en transformant, pour ainsi dire, chacune de ces parcelles aqueuses en autant de pierres précieuses ; soit en décorant une partie de cette masse d'eau des superbes couleurs de l'iris. C'est donc la réfrangibilité des rayons du soleil dans les gouttes d'eau qui produit l'arc-en-ciel, dont nous avons déjà parlé dans la perspective linéaire. Nous ajouterons seulement que cet arc-en-ciel se prolonge jusque sur la terre, si la pluie ou la vapeur en sont tout près. Alors, les montagnes, les rochers, les arbres et tous les objets de la nature seront colorés des couleurs du prisme, mais seulement dans les lignes circulaires qui formeront l'arc-en-ciel.

Pierre-Henri de Valenciennes, *Réflexions et conseils à un élève sur la peinture et particulièrement sur le genre du paysage*, Paris, Desenne/Duprat, 1799, p. 267-268.

Lettre de Victor Hugo à Juliette Drouet

1838

Tes lettres ma Juliette, c'est mon trésor, mon écrin, ma richesse ! Notre vie est là, déposée jour par jour, pensée par pensée. […]

Le jour où ton regard a rencontré mon regard pour la première fois, un rayon est allé de ton cœur au mien, comme l'aurore à une ruine. N'oublions jamais cet effroyable orage du 24 septembre 1835, si plein de douces choses pour nous. La pluie tombait à torrents, les feuilles de l'arbre ne servaient qu'à la conduire, plus froide sur nos têtes, le ciel était plein de tonnerre, tu étais nue entre mes bras. Ton beau visage caché dans mes genoux ne se détournant que pour me sourire et ta chemise collait par l'eau sur tes belles épaules. Que ce jour-là soit un souvenir d'or pour les jours qui nous restent. Ici notre union s'est scellée dans une promesse solennelle. Ici nos deux vies se sont soudées à jamais. […]

Victor Hugo à Juliette Drouet, 26 février 1838.

Walden ou la Vie dans les bois

Henry David Thoreau, 1854

☙

Tant que je posséderai l'amitié des saisons, je suis sûr que rien ne pourra faire de la vie un fardeau. Cette douce pluie qui arrose mes haricots et m'empêche de sortir aujourd'hui n'est ni morne, ni mélancolique, elle est bonne pour moi aussi. Bien qu'elle m'empêche de sarcler, elle est bien plus précieuse que le sarclage. Si elle durait assez longtemps pour faire pourrir les graines dans la terre et détruire les pommes de terre dans les terres basses, elle serait cependant bonne pour l'herbe sur les plateaux ; et si elle est bonne pour l'herbe, elle est bonne pour moi. Parfois, lorsque je me compare à d'autres hommes, il me semble que j'ai reçu des dieux plus de bienfaits qu'eux, au-delà de tous les mérites dont j'ai conscience ; comme si j'avais reçu d'eux une garantie, une sécurité que mon prochain n'a pas, comme si j'étais tout spécialement guidé et gardé. Je ne me suis jamais senti isolé, jamais accablé par le sens de ma solitude, sauf une fois, et c'était quelques semaines après que je me fusse établi dans les bois ; pendant une heure, je craignais que le voisinage proche de l'homme ne fût essentiel à une vie saine et sereine. Être seul devenait déplaisant. Mais j'étais en même temps conscient d'une humeur un peu instable, et il me semblait prévoir ma guérison proche. Au milieu d'une douce pluie, tandis que prévalaient ces pensées, je me rendis compte soudain d'une compagnie si plaisante et si bienfaisante dans la nature, dans le bruit régulier des gouttes qui tombaient, régulières, dans tous les sons et les spectacles qui entouraient ma maison, une affection bienveillante, infinie et inexplicable tout à coup ; comme une atmosphère qui me soutenait, et rendait les avantages du voisinage humain, tel que je l'imaginais, insignifiants ; et je n'y ai pas repensé depuis. Chaque petite aiguille de pin se dilatait, se gonflait de sympathie amicale envers moi. J'avais si clairement conscience de la présence de quelque chose qui m'était apparenté, même au milieu de scènes que l'on a coutume d'appeler sombres et sauvages, conscience aussi que les plus proches de moi par le sang ou leur qualité humaine n'étaient pas des êtres humains, des villageois, que je me dis qu'aucun endroit ne pourrait jamais plus me paraître étranger.

[...]

J'ai passé quelques-unes de mes plus belles heures pendant les longs orages de printemps et d'automne, qui me tenaient chez moi pendant des après-midi,

aussi bien que des matinées, bercé par leur gronde-
ment incessant et leurs assauts ; lorsqu'un crépuscule
venu plus tôt que d'ordinaire était le prélude d'une
longue soirée où mainte pensée avait le temps de
s'enfoncer et de se déployer. Pendant ces pluies du
Nord-Est, chassées par le vent, qui étaient de telles
épreuves pour les maisons du village – les servantes en
alerte, avec seaux et chiffons devant l'entrée des maisons, pour empêcher l'inondation –, je restais assis
derrière ma porte dans ma petite maison, qui n'était
qu'une entrée, et je goûtais fort la protection qu'elle
me donnait. Pendant une grosse pluie d'orage, la
foudre frappa un grand pitchpin, de l'autre côté de
l'étang, creusant un sillon en spirale parfaitement
régulier du haut en bas, profond de plus d'un pouce,
et large de quatre ou cinq, comme vous en creuseriez
un dans une canne. J'ai repassé devant, l'autre jour, et
fus frappé de stupeur en levant les yeux et en contem-
plant cette marque, plus distincte que jamais, où un
trait irrésistible et terrible s'abattit du ciel innocent il
y a huit ans. On me dit souvent : « Il me semble que
vous devez vous sentir bien seul, là-bas, et que vous
aimeriez être près de quelqu'un, surtout par temps de
pluie et de neige, et la nuit. » J'ai envie de leur
répondre : Toute cette terre où nous vivons n'est qu'un
point dans l'espace. [...]

Henry David Thoreau, *Walden ou La vie dans les bois*,
traduction par Germaine Landré-Augier, Paris,
Flammarion, « Climats », 2015, p. 161-163.

Le Moulin sur la Floss

George Eliot, 1860

❧

CHAPITRE VII
Philip rentre en scène

Le lendemain fut très pluvieux ; c'était une de ces journées où les voisins de sexe masculin, qui n'ont pas chez eux quelque occupation impérieuse, aiment à faire à leurs belles amies quelque visite d'une longueur illimitée. La pluie, qui a paru assez supportable pour venir à pied ou à cheval, devient immanquablement si violente, et en même temps il est si probable que le temps va s'éclaircir, qu'une dispute en règle peut seule abréger la visite, ce que ne pourrait faire une haine latente. Et si, par hasard, les gens sont amoureux, que peut-il y avoir de plus délicieux en Angleterre qu'une matinée pluvieuse ? Le soleil dans ce pays est incertain ; les chapeaux ne sont jamais à l'abri du danger des averses ; si vous vous asseyez sur l'herbe, vous risquez de vous enrhumer. Mais la pluie est une chose sûre. Vous la bravez à cheval, sous un mackintosh, et vous vous trouvez bientôt sur le fauteuil que vous aimez le mieux, un peu plus haut ou un peu plus bas que votre déesse ne s'assied (ce qui est la même chose pour un esprit métaphysique, et c'est pour cela que les femmes sont en même temps adorées et regardées de haut) ; vous êtes là avec l'assurance satisfaisante qu'il ne viendra point de visites de dames.

« Stephen viendra de meilleure heure ce matin, j'en suis sûre, dit Lucy ; il le fait toujours, quand il pleut. »

Maggie ne répondit pas. Elle était fâchée contre Stephen elle commençait à croire qu'elle aurait de l'éloignement pour lui, et, si ce n'eût été la pluie, elle serait allée tout droit chez sa tante Glegg et aurait par là évité de le voir. Mais, les choses étant ainsi, elle trouverait quelque raison de rester hors du salon avec sa mère.

George Eliot, *Le Moulin sur la Floss*, traduction par Alexandre-François d'Albert-Durade, Paris, Hachette, 1897.

Les Enfants du capitaine Grant

Jules Verne, 1868

❧

Thalcave* observait avec une certaine anxiété cet état de choses qui ne lui semblait pas ordinaire. Il s'arrêtait souvent et se dressait sur ses étriers. Sa grande taille lui permettait d'embrasser du regard un vaste horizon ; mais n'apercevant rien qui pût l'éclairer, il reprenait bientôt sa marche interrompue. Un mille plus loin, il s'arrêtait encore, puis, s'écartant de la ligne suivie, il faisait une pointe de quelques milles, tantôt au nord, tantôt au sud, et revenait prendre la tête de la troupe, sans dire ni ce qu'il espérait, ni ce qu'il craignait. Ce manège, maintes fois répété, intrigua Paganel et inquiéta Glenarvan. Le savant fut donc invité à interroger l'Indien. Ce qu'il fit aussitôt.

---

* Thalcave est l'Indien qui guide Lord Glenarvan, l'éminent géographe français Paganel, l'impassible major Mac Nabbs et leurs compagnons à travers la Patagonie, dans leur recherche du capitaine Grant.

81

Thalcave lui répondit qu'il s'étonnait de voir la plaine imprégnée d'eau. Jamais, à sa connaissance, et depuis qu'il exerçait le métier de guide, ses pieds n'avaient foulé un sol si détrempé. Même à la saison des grandes pluies, la campagne argentine offrait toujours des passes praticables.

« Mais à quoi attribuer cette humidité croissante ? demanda Paganel.

— Je ne sais, répondit l'Indien, et quand je le saurais !…

— Est-ce que les rios des sierras grossis par les pluies ne débordent jamais ?

— Quelquefois.

— Et maintenant, peut-être ?

— Peut-être ! » dit Thalcave.

Paganel dut se contenter de cette demi-réponse, et il fit connaître à Glenarvan le résultat de sa conversation.

« Et que conseille Thalcave ? dit Glenarvan.

— Qu'y a-t-il à faire ? demanda Paganel au Patagon.

— Marcher vite », répondit l'Indien.

Conseil plus facile à donner qu'à suivre. Les chevaux se fatiguaient promptement à fouler un sol qui fuyait sous eux ; la dépression s'accusait de plus en plus, et cette partie de la plaine pouvait être assimilée à un immense bas-fond, où les eaux envahissantes devaient rapidement s'accumuler. Il importait donc de franchir sans retard ces terrains en contrebas qu'une inondation eût immédiatement transformés en lac.

On hâta le pas. Mais ce ne fut pas assez de cette eau qui se déroulait en nappes sous le pied des chevaux. Vers deux heures, les cataractes du ciel s'ouvrirent, et des torrents d'une pluie tropicale se précipitèrent sur la plaine. Jamais plus belle occasion ne se présenta de se montrer philosophe. Nul moyen de se soustraire à ce déluge, et mieux valait le recevoir stoïquement. Les ponchos étaient ruisselants ; les chapeaux les arrosaient comme un toit dont les gouttières sont engorgées ; la frange des recados semblait faite de filets liquides, et les cavaliers, éclaboussés par leurs montures dont le sabot frappait à chaque pas les torrents du sol, chevauchaient dans une double averse qui venait à la fois de la terre et du ciel.

Ce fut ainsi que trempés, transis et brisés de fatigue, ils arrivèrent le soir à un rancho fort misérable. Des gens peu difficiles pouvaient seuls lui donner le nom d'abri, et des voyageurs aux abois consentir à s'y abriter. Mais Glenarvan et ses compagnons n'avaient pas le choix. Ils se blottirent donc dans cette cahute abandonnée, dont n'aurait pas voulu un pauvre Indien des Pampas. Un mauvais feu d'herbes qui donnait plus de fumée que de chaleur fut allumé, non sans peine. Les rafales de pluie faisaient rage au dehors, et à travers le chaume pourri suintaient de larges gouttes. Si le foyer ne s'éteignit pas vingt fois, c'est que vingt fois Mulrady et Wilson[*] luttèrent contre l'envahissement de l'eau.

Le souper, très médiocre et peu réconfortant, fut assez triste. L'appétit manquait. Seul le major fit honneur au charqui humide et ne perdit pas un coup de

---

[*] Mulrady et Wilson sont deux matelots qui font partie de l'équipée.

dents. L'impassible Mac Nabbs était supérieur aux événements. Quant à Paganel, en sa qualité de Français, il essaya de plaisanter. Mais cela ne prit pas.

« Mes plaisanteries sont mouillées, dit-il, elles ratent ! »

Cependant, comme ce qu'il y avait de plus plaisant dans cette circonstance était de dormir, chacun chercha dans le sommeil un oubli momentané de ses fatigues. La nuit fut mauvaise ; les ais du rancho craquaient à se rompre ; il s'inclinait sous les poussées du vent et menaçait de s'en aller à chaque rafale ; les malheureux chevaux gémissaient au-dehors, exposés à toute l'inclémence du ciel, et leurs maîtres ne souffraient pas moins dans leur méchante cahute. Cependant le sommeil finit par l'emporter. Robert le premier, fermant les yeux, laissa reposer sa tête sur l'épaule de lord Glenarvan, et bientôt tous les hôtes du rancho dormaient sous la garde de Dieu.

Il paraît que Dieu fit bonne garde, car la nuit s'acheva sans accident. On se réveilla à l'appel de Thaouka, qui, toujours veillant, hennissait au-dehors et frappait d'un sabot vigoureux le mur de la cahute. À défaut de Thalcave, il savait au besoin donner le signal du départ. On lui devait trop pour ne pas lui obéir, et l'on partit.

La pluie avait diminué, mais le terrain étanche conservait l'eau versée ; sur son imperméable argile les flaques, les marais, les étangs débordaient et formaient d'immenses « banados » d'une perfide profondeur. Paganel, consultant sa carte, pensa, non sans raison, que les rios Grande et Vivarota, où se drainent habituellement les eaux de cette plaine, devaient s'être confondus dans un lit large de plusieurs milles.

Une extrême vitesse de marche devint alors nécessaire. Il s'agissait du salut commun. Si l'inondation croissait, où trouver asile ? L'immense cercle tracé par l'horizon n'offrait pas un seul point culminant, et sur cette plaine horizontale l'envahissement des eaux devait être rapide.

Les chevaux furent donc poussés à fond de train.

[Prélude à l'inondation dont ils se sauveront miraculeusement.]

Jules Verne, *Les Enfants du capitaine Grant*, *Voyages extraordinaires*, Paris, Gallimard, « Bibliothèque de la Pléiade », 2012, p. 202-204.

Une vie

Guy de Maupassant, 1883

CHAPITRE I

Jeanne, ayant fini ses malles, s'approcha de la fenêtre, mais la pluie ne cessait pas.

L'averse, toute la nuit, avait sonné contre les carreaux et les toits. Le ciel bas et chargé d'eau semblait crevé, se vidant sur la terre, la délayant en bouillie, la fondant comme du sucre. Des rafales passaient pleines d'une chaleur lourde. Le ronflement des ruisseaux débordés emplissait les rues désertes où les maisons, comme des éponges, buvaient l'humidité qui pénétrait au-dedans et faisait suer les murs de la cave au grenier.

[...]

Mais peu à peu la violence de l'averse diminuait ; puis ce ne fut plus qu'une sorte de brume, une très fine poussière de pluie voltigeant. La voûte des nuées semblait s'élever, blanchir ; et soudain, par un trou qu'on ne voyait point, un long rayon de soleil oblique descendit sur les prairies.

Et, les nuages s'étant fendus, le fond bleu du firmament parut ; puis la déchirure s'agrandit comme un voile qui se déchire ; et un beau ciel pur d'un azur net et profond se développa sur le monde.

Un souffle frais et doux passa, comme un soupir heureux de la terre ; et, quand on longeait des jardins ou des bois, on entendait parfois le chant alerte d'un oiseau qui séchait ses plumes.

Le soir venait. Tout le monde dormait maintenant dans la voiture, excepté Jeanne. Deux fois on s'arrêta dans des auberges pour laisser souffler les chevaux et leur donner un peu d'avoine avec de l'eau.

Le soleil s'était couché ; des cloches sonnaient au loin. Dans un petit village on alluma les lanternes ; et le ciel aussi s'illumina d'un fourmillement d'étoiles. Des maisons éclairées apparaissaient de place en place, traversant les ténèbres d'un point de feu ; et tout d'un coup, derrière une côte, à travers des branches de sapins, la lune, rouge, énorme, et comme engourdie de sommeil, surgit.

Guy de Maupassant, *Une vie*,
Paris, Flammarion, « GF », 2009, p. 49-55.

La Terre

Émile Zola, 1887

∾

Vers cette époque, Buteau* céda lui-même à une
humeur exécrable. La terre souffrait d'une terrible
sécheresse, pas une goutte d'eau n'était tombée depuis
six semaines ; et il rentrait les poings serrés, malade de
voir les récoltes compromises, les seigles chétifs, les
avoines maigres, les blés grillés avant d'être en grains.
Il en souffrait positivement, comme les blés eux-
mêmes, l'estomac rétréci, les membres noués de
crampes, rapetissé, desséché de malaise et de colère.
[...]
Mais, le lendemain, Buteau était redevenu gentil,
conciliant et goguenard. Dans la nuit, le ciel s'était
couvert, il tombait depuis douze heures une pluie fine,
tiède, pénétrante, une de ces pluies d'été qui ravivent
la campagne ; et il avait ouvert la fenêtre, sur la plaine,
il était là dès l'aube, à regarder cette eau, radieux, les
mains dans les poches, répétant :

---

* Personnage central du roman, fils du vieux Fouan, Buteau
est un paysan violent et rusé, viscéralement attaché à la terre.

— Nous v'là bourgeois, puisque le bon Dieu travaille pour nous… Ah ! sacré tonnerre ! des journées passées comme ça, à faire le feignant, ça vaut mieux que les journées où l'on s'esquinte sans profit.

Lente, douce, interminable, la pluie ruisselait toujours ; et il entendait la Beauce boire, cette Beauce sans rivières et sans sources, si altérée. C'était un grand murmure, un bruit de gorge universel, où il y avait du bien-être. Tout absorbait, se trempait, tout reverdissait dans l'averse. Le blé reprenait une santé de jeunesse, ferme et droit, portant haut l'épi, qui allait se gonfler, énorme, crevant de farine. Et lui, comme la terre, comme le blé, buvait par tous ses pores, détendu, rafraîchi, guéri, revenant se planter devant la fenêtre, pour crier :

— Allez, allez donc !… C'est des pièces de cent sous qui tombent !

Brusquement, il entendit quelqu'un ouvrir la porte, il se tourna, et il eut la surprise de reconnaître le vieux Fouan.

— Tiens ! le père !… Vous venez donc de la chasse aux grenouilles ?

Le vieux, après s'être battu avec un grand parapluie bleu, entra, en laissant ses sabots sur le seuil.

— Fameux coup d'arrosoir, dit-il simplement. Fallait ça.

[…]

En effet, Jean*, venu au pas de course de la ferme, comme cela lui arrivait souvent, n'avait jeté qu'un sac

___

* Jean Macquart est le frère de Gervaise Macquart, l'héroïne de *L'Assommoir*. Ancien soldat devenu ouvrier agricole, c'est à travers ses yeux que le lecteur découvre l'univers des paysans.

sur ses épaules, pour se protéger ; et il était trempé, ruisselant, fumant, riant lui-même en bon garçon. Pendant qu'il se secouait, Buteau, retourné devant la fenêtre, s'épanouissait de plus en plus, devant la pluie entêtée.

— Oh ! ça tombe, ça tombe, c'est une bénédiction !... Non, vrai ! c'est rigolo, tant ça tombe !

[...]

— C'est bon, le vin ! cria Buteau en reposant rudement son verre, eh bien ! vous direz ce que vous voudrez, mais ça ne vaut pas cette eau qui tombe... Regardez-moi ça, en v'là encore, en v'là toujours ! Ah ! c'est riche !

Et tous, en tas devant la fenêtre, épanouis, dans une sorte d'extase religieuse, regardaient ruisseler la pluie tiède, lente, sans fin, comme s'ils avaient vu, sous cette eau bienfaisante, pousser les grands blés verts.

Émile Zola, *La Terre*, *Les Rougon-Macquard*, IV, Paris, Gallimard, « Bibliothèque de la Pléiade », 1966, p. 535-538.

Les Travailleurs de la mer

Victor Hugo, 1892

Quand la pluie, apportée par la nuée, accompagne le tonnerre et la houle.

VI
Le combat

La montagne mouvante de vapeurs qui se dirigeait vers les Douvres était un de ces nuages qu'on pourrait appeler les nuages de combat. Nuages louches. À travers ces entassements obscurs, on ne sait quel strabisme vous regarde.

Cette approche était terrible.

Gilliatt examina fixement la nuée et grommela entre ses dents : J'ai soif, tu vas me donner à boire.

[…]

Gilliatt subitement sentit qu'un souffle l'échevelait. Trois ou quatre larges araignées de pluie s'écrasèrent autour de lui sur la roche. Puis il y eut un second coup de foudre. Le vent se leva.

L'attente de l'ombre était au comble ; le premier coup de tonnerre avait remué la mer, le deuxième fêla la muraille de nuée du haut en bas, un trou se fit, toute l'ondée en suspens versa de ce côté, la crevasse devint comme une bouche ouverte pleine de pluie, et le vomissement de la tempête commença.

L'instant fut effroyable.

Averse, ouragan, fulgurations, fulminations, vagues jusqu'aux nuages, écume, détonations, torsions frénétiques, cris, rauquements, sifflements, tout à la fois. Déchaînement de monstres.

Le vent soufflait en foudre. La pluie ne tombait pas, elle croulait.

[…]

Des configurations flottantes se heurtaient et s'amalgamaient, se déformant les unes par les autres. Une eau incommensurable ruisselait. On entendait des feux de peloton dans le firmament. Il y avait au milieu du plafond d'ombre une espèce de vaste hotte renversée d'où tombaient pêle-mêle la trombe, la grêle, les nuées, les pourpres, les phosphores, la nuit, la lumière, les bruits, les foudres, tant ces penchements du gouffre sont formidables !

[…]

Subitement, une grande clarté se fit, la pluie discontinua, les nuées se désagrégèrent, le vent venait de sauter, une sorte de haute fenêtre crépusculaire s'ouvrit au zénith, et les éclairs s'éteignirent ; on put croire à la fin. C'était le commencement.

[…]

Un éclat de foudre donna le signal, l'ouverture pâle du zénith se ferma, une bouffée d'averse se précipita, tout redevint obscur, et il n'y eut plus de flambeau que l'éclair. La sombre attaque arrivait.

[...]

La tourmente continuait ses violences sur le flanc de l'écueil avec une solennité lugubre. L'urne d'eau et l'urne de feu qui sont dans les nuées se versaient sans se vider. Les ondulations hautes et basses du vent ressemblaient aux mouvements d'un dragon.

Quand la nuit vint, elle y était déjà ; on ne s'en aperçut pas.

Du reste, ce n'était point l'obscurité complète. Les tempêtes, illuminées et aveuglées par l'éclair, ont des intermittences de visible et d'invisible. Tout est blanc, puis tout est noir. On assiste à la sortie des visions et à la rentrée des ténèbres.

Une zone de phosphore, rouge de la rougeur boréale, flottait comme un haillon de flamme spectrale derrière les épaisseurs de nuages. Il en résultait un vaste blêmissement. Les largeurs de la pluie étaient lumineuses.

[...]

La pluie s'arrêta subitement. Puis il n'y eut plus qu'un roulement bourru dans la nuée. L'orage cessa comme une planche qui tombe à terre. Il se cassa, pour ainsi dire. L'immense machine des nuages se défit. Une lézarde de ciel clair disjoignit les ténèbres. Gilliatt fut stupéfait, il était grand jour.

La tempête avait duré près de vingt heures.

Le vent qui avait apporté, remporta. Un écroulement d'obscurité diffuse encombra l'horizon. Les brumes rompues et fuyantes se massèrent pêle-mêle en tumulte, il y eut d'un bout à l'autre de la ligne des nuages un mouvement de retraite, on entendit une longue rumeur décroissante, quelques dernières gouttes de pluie tombèrent, et toute cette ombre pleine de tonnerres s'en alla comme une cohue de chars terribles.

Brusquement le ciel fut bleu.

Victor Hugo, *Les Travailleurs de la mer*,
Paris, Flammarion, « GF », 1980, p. 468-486.

« *Après le déluge* »

Arthur Rimbaud, 1895

✸

Aussitôt que l'idée du Déluge se fut rassise,
Un lièvre s'arrêta dans les sainfoins et les clochettes
mouvantes et dit sa prière à l'arc-en-ciel à travers la
toile de l'araignée.

Oh ! les pierres précieuses qui se cachaient, – les
fleurs qui regardaient déjà.

Dans la grande rue sale les étals se dressèrent, et
l'on tira les barques vers la mer étagée là-haut comme
sur les gravures.

Le sang coula, chez Barbe-Bleue, – aux abattoirs,
– dans les cirques, où le sceau de Dieu blêmit les
fenêtres. Le sang et le lait coulèrent.

Les castors bâtirent. Les « mazagrans » fumèrent
dans les estaminets.

Dans la grande maison de vitres encore ruisselante les
enfants en deuil regardèrent les merveilleuses images.

Une porte claqua, et sur la place du hameau,
l'enfant tourna ses bras, compris des girouettes et des
coqs des clochers de partout, sous l'éclatante giboulée.

Madame *** établit un piano dans les Alpes. La messe et les premières communions se célébrèrent aux cent mille autels de la cathédrale.

Les caravanes partirent. Et le Splendide-Hôtel fut bâti dans le chaos de glaces et de nuit du pôle.

Depuis lors, la Lune entendit les chacals piaulant par les déserts de thym, – et les églogues en sabots grognant dans le verger. Puis, dans la futaie violette, bourgeonnante, Eucharis me dit que c'était le printemps.

– Sourds, étang, – Écume, roule sur le pont, et par-dessus les bois ; – draps noirs et orgues, – éclairs et tonnerres – montez et roulez ; – Eaux et tristesses, montez et relevez les Déluges.

Car depuis qu'ils se sont dissipés, – oh les pierres précieuses s'enfouissant, et les fleurs ouvertes ! – c'est un ennui ! et la Reine, la Sorcière qui allume sa braise dans le pot de terre, ne voudra jamais nous raconter ce qu'elle sait, et que nous ignorons.

Arthur Rimbaud, *Illuminations*,
Œuvres complètes, Paris, Flammarion, « GF », 2010,
p. 255-256.

« *La pluie* »

Émile Verhaeren, 1895

Longue comme des fils sans fin, la longue pluie
Interminablement, à travers le jour gris,
Ligne les carreaux verts avec ses longs fils gris,
Infiniment, la pluie,
La longue pluie,
La pluie.

Elle s'effile ainsi, depuis hier soir,
Des haillons mous qui pendent,
Au ciel maussade et noir.
Elle s'étire, patiente et lente,
Sur les chemins, depuis hier soir,
Sur les chemins et les venelles,
Continuelle.

Au long des lieues,
Qui vont des champs vers les banlieues,
Par les routes interminablement courbées,

Passent, peinant, suant, fumant,
En un profil d'enterrement,
Les attelages, bâches bombées ;
Dans les ornières régulières
Parallèles si longuement
Qu'elles semblent, la nuit, se joindre au firmament,
L'eau dégoutte, pendant des heures ;
Et les arbres pleurent et les demeures,
Mouillés qu'ils sont de longue pluie,
Tenacement, indéfinie.

Les rivières, à travers leurs digues pourries,
Se dégonflent sur les prairies,
Où flotte au loin du foin noyé ;
Le vent gifle aulnes et noyers ;
Sinistrement, dans l'eau jusqu'à mi-corps,
De grands bœufs noirs beuglent vers les cieux tors ;

Le soir approche, avec ses ombres,
Dont les plaines et les taillis s'encombrent,
Et c'est toujours la pluie
La longue pluie
Fine et dense, comme la suie.

La longue pluie,
La pluie – et ses fils identiques
Et ses ongles systématiques
Tissent le vêtement,
Maille à maille, de dénûment,
Pour les maisons et les enclos
Des villages gris et vieillots :

Linges et chapelets de loques
Qui s'effiloquent,
Au long de bâtons droits ;
Bleus colombiers collés au toit ;
Carreaux, avec, sur leur vitre sinistre,
Un emplâtre de papier bistre ;
Logis dont les gouttières régulières
Forment des croix sur des pignons de pierre ;
Moulins plantés uniformes et mornes,
Sur leur butte, comme des cornes

Clochers et chapelles voisines,
La pluie,
La longue pluie,
Pendant l'hiver, les assassine.
La pluie,
La longue pluie, avec ses longs fils gris.
Avec ses cheveux d'eau, avec ses rides,
La longue pluie
Des vieux pays,
Éternelle et torpide !

Émile Verhaeren, *Les Villages illusoires*, Bruxelles,
Communauté française de Belgique,
« Espace Nord », 2016, p. 130-132.

« *Barbara* »

Jacques Prévert, 1946

Rappelle-toi Barbara
Il pleuvait sans cesse sur Brest ce jour-là
Et tu marchais souriante
Épanouie ravie ruisselante
Sous la pluie
Rappelle-toi Barbara
Il pleuvait sans cesse sur Brest
Et je t'ai croisée rue de Siam
Tu souriais
Et moi je souriais de même
Rappelle-toi Barbara
Toi que je ne connaissais pas
Toi qui ne me connaissais pas
Rappelle-toi
Rappelle-toi quand même ce jour-là
N'oublie pas
Un homme sous un porche s'abritait
Et il a crié ton nom

Barbara
Et tu as couru vers lui sous la pluie
Ruisselante ravie épanouie
Et tu t'es jetée dans ses bras
Rappelle-toi cela Barbara
Et ne m'en veux pas si je te tutoie
Je dis tu à tous ceux que j'aime
Même si je ne les ai vus qu'une seule fois
Je dis tu à tous ceux qui s'aiment
Même si je ne les connais pas
Rappelle-toi Barbara
N'oublie pas
Cette pluie sage et heureuse
Sur ton visage heureux
Sur cette ville heureuse
Cette pluie sur la mer
Sur l'arsenal
Sur le bateau d'Ouessant
Oh Barbara
Quelle connerie la guerre
Qu'es-tu devenue maintenant
Sous cette pluie de fer
De feu d'acier de sang
Et celui qui te serrait dans ses bras
Amoureusement
Est-il mort disparu ou bien encore vivant
Oh Barbara
Il pleut sans cesse sur Brest
Comme il pleuvait avant
Mais ce n'est plus pareil et tout est abîmé
C'est une pluie de deuil terrible et désolée

Histoire buissonnière de la pluie

Ce n'est même plus l'orage
De fer d'acier de sang
Tout simplement des nuages
Qui crèvent comme des chiens
Des chiens qui disparaissent
Au fil de l'eau sur Brest
Et vont pourrir au loin
Au loin très loin de Brest
Dont il ne reste rien.

Jacques Prévert, *Paroles*, *Œuvres*,
Paris, Gallimard, « Bibliothèque de la Pléiade »,
1992, p. 130-131.

L'Herbe

Claude Simon, 1958

Louise révèle à son compagnon qu'elle sait que celui-ci la trompe depuis trois ans, avant d'écouter la pluie nocturne, qui semble une liquéfaction du monde correspondant à celle de son amour.

Louise à présent pouvant à peine distinguer les paroles : un simple bruit, monotone, navrant, parmi le chuintement monotone de la pluie, maintenant, elle aussi, étale en quelque sorte, installée, paisible, multipliant, semblait-il, la vaste nuit : tout près, distinct, l'écoulement des chéneaux, des gouttières, puis, immédiatement derrière, le jardin ruisselant de larmes, de pleurs, les branches, les feuilles ruisselantes, l'herbe ruisselante, et plus loin encore, tout autour, les prés, les bois, la vallée, les collines invisibles noyées dans l'indistincte et paisible rumeur de l'eau, comme si la nuit tout entière, le monde tout entier se liquéfiaient lentement dans les ténèbres humides, se dissolvaient,

s'engloutissaient, se défaisaient peu à peu, insensible-
ment, sous les milliers et les milliers de gouttes indé-
nombrables, tranquilles, acharnées, en train de le
détremper, de l'user, de le grignoter, entourant la
maison de ce murmure formidable et majestueux.

Claude Simon, *L'Herbe*,
Paris, Minuit, 2015, p. 158-159.

Notes

1. Sous la pluie

1. Ainsi que toutes les citations qui suivent : Bernardin de Saint-Pierre, *Études de la nature*, rééd. Saint-Étienne, Publications de l'université de Saint-Étienne, 2007, p. 465.

2. Les couleurs de la pluie

1. Joseph Joubert, *Carnets*, datés de 1779 à 1783. *Cf.* Alain Corbin, « Le corps et la construction du paysage », *Kwansei Gakuin University Advanced Social Research*, vol. 4, septembre 2006.

2. Pierre-Henri de Valenciennes, *Réflexions et conseils à un élève sur la peinture et particulièrement sur le genre du paysage*, Paris, Desenne/Duprat, 1799, p. 426.

3. William Gilpin, *Observations sur la rivière Wye*, Pau, Presses universitaires de Pau, 2009, p. 47.

3. Le Poème de la Terre

1. Barbara Maria Stafford, *Voyage into Substance, Art, Science, Nature, and the Illustrated Travel Account, 1760-1840*, Cambridge HTT Press, 1984.

2. Charles Darwin, *Voyage d'un naturaliste autour du monde*, Paris, La Découverte, 2003, p. 31.

3. Pierre Hadot, « Il y a de nos jours des professeurs de philosophie mais pas de philosophes… », in Michel Granger (dir.), *Henry D. Thoreau*, Cahier de L'Herne, 1994, p. 189.

4. Henry David Thoreau, *Journal, 1837-1861*, mars 1840, p. 37 et 38.

5. Walt Whitman cité par Patrick Boman, in *Dictionnaire de la pluie*, Paris, Le Seuil, 2007, p. 371.

4. Une tristesse épouvantable

1. *Cf.* Claude Reichler, « Météores et perception de soi : un paradigme de la variation liée », in Karin Becker (dir.), *La Pluie et le Beau Temps dans la littérature française*, Paris, Hermann, 2012, p. 228 *sq.* Les citations du journal de Maine de Biran, p. 232 et 233.

2. Cité par Karin Becker (dir.), in *La Pluie et le Beau Temps…*, *op. cit.*, p. 38.

3. Rappelons que la cénesthésie désigne la sensibilité organique, émanant de l'ensemble des sensations internes, qui suscite chez l'être humain le sentiment général de son existence, indépendamment du rôle spécifique des sens.

4. Quant à Coleridge, dans son *Ode à la pluie*, c'est d'un ton léger qu'il demande à la pluie de cesser pour ne pas retarder le départ d'un importun visiteur. Mais, conclut-il plus tard : « Bon cœur, je t'écouterai sagement. »

5. *Les Carnets de Léonard de Vinci*, Paris, Gallimard, 1942, t. II, p. 235.

6. *Cf.* Marine Ricord, « "Parler de la pluie et du Beau Temps" dans la *Correspondance* de Mme de Sévigné », in Karin Becker (dir.), *La Pluie et le beau temps…*, *op. cit.*, p. 169-195.

7. Mme de Sévigné, *Correspondance*, t. I, 23 août 1671, Paris, Gallimard, coll. « La Pléiade », 1972, p. 329 ; analysé par Marine Ricord, art. cité, p. 188.

5. Un petit coin de parapluie

1. Cité par Guillaume Gonnot, in « Comme il pleut sur la ville : Verlaine et la poétique de la grisaille », in Karin Becker (dir.), *La Pluie et le Beau Temps…*, *op. cit.*, p. 263.

2. *Ibid.*, p. 260.

3. *Ibid.*, p. 264.

4. Michel Onfray cité par Patrick Boman, in *Dictionnaire de la pluie*, *op. cit.*, p. 113.

5. André Gide, *Journal*, Paris, Gallimard, coll. « La Pléiade », 15 janvier 1906 et 12 février 1912, t. I.

6. Politique du mauvais temps

1. Olivier Ritz, « Un 14 juillet sous la pluie : les intempéries de la fête de la Fédération dans la littérature révolutionnaire », in Karin Becker (dir.), *La Pluie et le Beau Temps…*, *op. cit.*, p. 195-213. Les citations qui suivent sont extraites de cet article.

2. Alain Corbin et Nathalie Veiga, « Le Monarque sous la pluie. Les voyages de Louis-Philippe Ier en province (1831-1833) », in *La Terre et la Cité. Mélanges offerts à Philippe Vigier*, Paris, Créaphis, 1994.

3. *Ibid.*, p. 223.

4. *Ibid.*

5. *Ibid.*

6. Nicolas Mariot, *Conquérir unanimement les cœurs, usages politiques et scientifiques des rites : le cas du voyage présidentiel en province, 1888-1998*, thèse, EHESS, 1999.

7. En temps de guerre

1. *Cf.* Stéphane Audoin-Rouzeau, *14-18, Les combattants des tranchées*, Paris, Armand Colin, 1986.

2. *Ibid.*, p. 37-38.

3. *Ibid.*, p. 37.
4. *Ibid.*, p. 38.
5. *Ibid. L'Argonaute*, 1ᵉʳ juin 1916, cité p. 38.
6. *Ibid.*

8. « Saints pleurards » et « bonnes fontaines »

1. Citons, à ce propos, les ouvrages de Paul Sebillot, d'Arnold Van Gennep, de Marc Leproux ainsi que les thèses d'histoire régionale publiées au cours des années 1960 et 1970. Récemment, en mars 2012, s'est tenue, au musée du Quai Branly, une exposition consacrée à la pluie et, plus particulièrement, aux façons de s'en protéger, aux rituels la concernant et à certaines de ses représentations, notamment ce qui la lie à la fertilité, à la fécondité ; sans oublier la pluie divinisée selon les diverses cultures et les cosmogonies.

2. Sur tous ces points, se reporter à Lucian Boia, *L'Homme face au climat. L'imaginaire de la pluie et du beau temps*, Paris, Les Belles Lettres, 2004.

3. *Cf.* Emmanuel Garnier, « Sécheresses et canicules avant le Global Warming, 1500-1950 », in Jacques Berchtold, Emmanuel Le Roy-Ladurie *et alii* (dir.), *Canicules et froids extrêmes. L'événement climatique et ses représentations (II). Histoire, littérature, peinture*, Paris, Hermann, 2012, p. 297-327.

4. Au XIXᵉ siècle, le parapluie était à ce point en vogue que son commerce entretenait l'activité de cohortes de migrants du Cantal et du sud du Limousin qui s'intitulaient « marchands de parapluie », que je me suis employé à recenser.

5. Sur tous ces points, une synthèse a été effectuée par Patrick Boman, *Dictionnaire de la pluie, op. cit., passim.*

9. Des invocations aux prévisions

1. Alain Corbin, *Archaïsme et modernité au XIXᵉ siècle*, Paris, Marcel Rivière, 1975, et PULIM, 2000, t. I, chap. V :

« L'ampleur de la déchristianisation et la fidélité aux pratiques archaïques ».

2. Alain Corbin, *Les Cloches de la terre. Paysages sonores et cultures sensibles dans les campagnes au XIXe siècle*, Paris, Albin Michel, 1994 (rééd. Flammarion, 2000).

3. Vincent Combe, « Désastres climatiques et représentations symboliques du Déluge », in Karin Becker (dir.), *La Pluie et le Beau Temps…*, *op. cit.*, p. 287-303.

4. Alain Corbin, *Le Monde retrouvé de Louis-François Pinagot, Sur les traces d'un inconnu*, Paris, Flammarion, 2008, p. 298.

TABLE

Cet ouvrage a été mis en pages par Pixellence

N° d'édition : L.01EHQN000964.N001
Dépôt légal : mai 2017
Imprimé en Espagne par Novoprint (Barcelone)